¡OÍD, HUMANOS!

Nima Yushij (1897 - 1960)

Nima Yushij

¡OÍD, HUMANOS!
Antología

Edición y traducción del persa
Shirin Salehi, Saeideh Ghasemi
y Gonzalo Sánchez-Terán

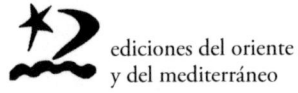
ediciones del oriente
y del mediterráneo

ISBN:979-13-990404-8-7
Depósito legal: M-5347-2026

HACIA NIMA

De todos los pueblos de la Tierra ninguno mantiene una relación tan intensa y devota con la poesía como el iraní. Desde que hace mil años Hakim Abol-Qasem Ferdousí Tusi completó el *Shahnamé* (El libro de los Reyes), el poema más largo jamás escrito por un solo ser humano, salvando la lengua persa del alud árabe que se había impuesto en pocos siglos como idioma dominante en Oriente Medio, y recreando en verso los imperios, mitos y héroes del pasado, la poesía se convirtió en la expresión mayor del alma y la cultura de Persia. Ferdousí recogió en su desaforada obra una tradición más antigua que su relato. El historiador Lloyd Llewellyn-Jones afirma: «En la Antigüedad persa, el pasado se abordaba mediante la transmisión oral, a través del canto, la poesía y la epopeya narrada»[1]. Para los iraníes los poetas interpretan, definen y desvelan la esencia de la persona y la experiencia colectiva: son seres trascendentes, en la hermosa polisemia de la palabra.

Es difícil encontrar a un iraní que no conozca de memoria los versos de Hafez, el poeta que en el siglo XIV coronó la época dorada de la literatura persa. Su mausoleo, rodeado de jardines, se halla en un barrio al norte de la ciudad de Shiraz. Para los hombres y mujeres que allí acuden cada día los *gazales* de Hafez tienen un poder adivinatorio, taumatúrgico. Sus versos, escogidos al azar, aclaran dilemas, compelen a la acción o consuelan

---

1. Lloyd Llewellyn-Jones, *Los persas*. Ático de los Libros, 2024.

en la congoja. El poeta medieval más que un escritor, es un oráculo.

Tal veneración no nace de su antigüedad sino de su palabra. A las afueras de Kashán, bordeando los grandes desiertos del centro del país, dentro del recinto de una mezquita, se halla la tumba de Sohrab Sepehrí, un poeta fallecido hace apenas medio siglo. Sohrab escribió poemas de un intenso misticismo exaltado de naturaleza en los cuales se entrelazan las tradiciones islámicas, budistas y occidentales. La gente, al terminar su oración en la mezquita, se acerca a la lápida negra que cubre el cuerpo del poeta y con reverencia la toca en silencio. Abrir un libro de poesía iraní no es únicamente escuchar la voz de un autor, es acodarse sobre el alma de un pueblo antiguo, luminoso y sufriente.

Nima Yushij es a un tiempo una de las más altas cumbres de la milenaria literatura persa y el umbral que une y permite el tránsito desde los grandes poetas clásicos (Ferdousí, Rumí, Saadí, Jayam, Hafez) a la extraordinaria poesía moderna (Shamlú, Ajavan-Sales, Farrojzad, Sepehrí). Diríase que su vida y su escritura estaban destinadas a habitar una falla donde poderosas placas tectónicas se enzarzan en una labor constante de creación y destrucción. La suya fue una existencia en permanente conflicto, a caballo entre sus bosques natales y el mundo urbano al que jamás se acostumbró, entre la tradición autocrática de los dirigentes de Irán y el deseo de apertura y democracia de su generación, y entre el estuario caudaloso de las formas poéticas heredadas y el manantial crecido por las aguas de distantes fuentes literarias. Cuando es tanta la tensión la hebilla salta por los aires.

Ali Esfandyari, quien andando el tiempo se haría llamar Nima Yushij, nació el 21 del mes de Aban de 1276 año de la Hégira Solar (HS), el 11 de noviembre de 1897 de la Era Común, en la provincia de Mazandarán, una tierra de densas arboledas y leyendas a orillas del mar Caspio. De su aldea natal, Yush, Nima heredó el *nom de plume,* un elenco de animales y árboles que habrían de poblar su imaginario poético, y un sentimiento vitalicio de exilio desde que a los doce años le enviaron a estudiar a Teherán. Su padre, ganadero y cultivador, era célebre en la comarca por sus proezas como arquero y jinete. De su madre aprendió antiguos cuentos y poemas que ella recitaba junto al fuego. Es imposible no sentir en la biografía de Nima la pérdida de un paisaje natural y humano, primitivo y noble, donde alguna vez se sintió seguro. Todo lo que escribió como adulto conmina a sus compatriotas a despojarse del engaño, el artificio y la venalidad, para sumergirse en los ríos anchos de Mazandarán, en la fraternidad de las caravanas, en la lealtad de la naturaleza.

El Teherán al que Nima llegó siendo niño vivía aún sacudido por la Revolución Constitucional que obligó a la dinastía Qajar a abrir espacios de participación popular y representación tras siglos de monarquías despóticas. La exigencia de una constitución que recogiera los derechos y libertades de los ciudadanos y el rechazo a la influencia predatoria sobre los recursos del país de potencias extranjeras como Gran Bretaña y Rusia provocaron movimientos populares que alumbraron una efímera esperanza de democratización en la primera década del siglo xx. Aquel brote fue aplastado y ninguno de los regímenes que se sucedieron en las décadas siguientes quiso reabrir esa senda de libertad y democracia. La política envenenó la vida de personas y familias. El hermano amado de Nima, Reza, quien posteriormente se haría llamar Ladbon, se unió a los partidos de izquierdas al calor de la Revolución rusa de 1917. Como tantos otros militantes tuvo que abandonar su patria y posiblemente murió durante las purgas estalinistas de los años treinta. Otra pérdida. En la poesía de Nima la política, rara vez de forma explícita, permea el combate entre una masa informe y violenta que aplasta o ignora, y el ser humano despojado de hogar, intentando preservar una esencia acoceada por fuerzas brutales.

En el colegio Nima halló un maestro, el poeta Nezam Vafa, que le dio a leer poesía europea, principalmente francesa. En su mente el verso libre entró en diálogo con las formas poéticas que habían dominado la historia de la literatura persa: la *qasida,* el *gazal* y el *masnaví.* Traducciones recientes de autores como Mallarmé o Lamartine agitaron las aguas de una tradición inmensamente rica y a la vez osificada por el tiempo en metros y temáticas. Y fue creciendo en él una revolución literaria que para muchos de sus coetáneos degeneró en herejía y para todos sus epígonos desembocó en liberación. A partir de los años veinte los poemas publicados por Nima Yushij en revistas literarias, leídos en recitales o compartidos en hojas sueltas, comenzaron a emanar una subjetividad honda y feroz, envuelta en un lenguaje simbolista opaco, en ocasiones casi ininteligible, que irritaba a los escritores atraillados al antiguo formalismo, a las voces conocidas. El poeta llegado de las tierras del norte, de carácter arisco, ajeno a escuelas, desubicado vital y profesionalmente, entre la desconfianza y la hostilidad de sus pares, se supo y se quiso un meandro en el río de la poesía de Irán, una hégira lírica para el verso en persa: hay un antes y un después de Nima.

En 1924 algunas de sus primeras creaciones aparecieron en un libro titulado, *Montakhabat-e Asar: az Nevisandegan va Shoara-ye Moaserin* (Selección de las obras de poetas y escritores contemporáneos), recopilada por Mohammad Zia Hashtrudi. De esos años Nima diría tiempo después:

> El método aplicado en cada uno de los textos de aquella época era buscar una flecha emponzoñada disparada hacia los partidarios del estilo viejo, que consideraban mis poemas impublicables[2].

En los siguientes lustros, mientras el poeta daba tumbos por trabajos oficiales inconsecuentes y por lo general insatisfactorios en ministerios y centros educativos de los que era despedido o se despedía, su figura de escritor atrabiliario, esquinado y dinamitero fue creciendo entre los jóvenes amantes de la poesía, esa diminuta facción idéntica en pasión y número encontrable en todo país y todo tiempo. El 26 de junio de 1946, a última hora de la tarde, Nima Yushij tomó la palabra en el Primer Congreso de Escritores Iraníes. Menudo y arrogante, desgranó ante un auditorio dividido su propuesta poética, enfatizando cuanto le diferenciaba de sus detractores a quienes llamó «enemigos»: él ponía metro y rima al servicio de un yo poético libre, insubordinado, incómodo. Decía verdad: su escritura no arropa, deshace; no resguarda, destecha. Concluyó su participación en el Congreso describién-

---

2. *Nokhostin Kongere-ye Nevisandegan-e Iran* (Primer Congreso de Escritores Iraníes), 2ª ed. Teherán: Toos, 1978.

dose como un río del que todos pueden beber a lo largo de su curso. Así sucedió.

Nima escribió mucho y publicó poco. Su existencia no fue feliz. Jamás halló acomodo profesional, y el matrimonio con Aliyeh Jahangir, una mujer culta que ejerció como profesora y directora de colegios, sufrió por causa de su inhabilidad para sentirse centrado, cumplido, ubicado en la sociedad. A menudo desempleado, siguió a su mujer por diversos destinos hasta que en 1938 se sumó al equipo editorial de la *Revista de Música* que publicaba el Ministerio de Cultura. Allí coincidió con algunos de los grandes intelectuales de un Irán desestabilizado por la Segunda Guerra Mundial, entre ellos Sadeq Hedayat, autor de la que es quizá la mejor novela iraní del pasado siglo, *El búho ciego* [3]. Quién pudiera haber asistido a las conversaciones de estos dos hombres de un talento tan excelso para la palabra y tan insuficiente para la vida. Fue un tiempo profesionalmente gozoso y literariamente fecundo hasta que la revista cerró en 1942 devolviéndole a la intemperie laboral. Un año después nació su único hijo, Sheragim, que tamaño esfuerzo ha dedicado a preservar la memoria viva de su padre.

El acercamiento de Nima al partido comunista Tudeh, más humanista que ideológico, le hizo pasar por prisión tras la represión que siguió al golpe de Estado organizado por los servicios de inteligencia británicos y estadounidenses contra el Primer Ministro, Mohammad Mossadeq, en 1953. Aquel sabotaje contra la soberanía de Irán pisoteó los esquejes democráticos tan dolorosamente brotados y acabó de partir en dos el espíritu del poeta. A partir de aquella experiencia se acendró

---

3. *El búho ciego*, Sadeq Hedayat, Madrid: Hiperión, 1992.

su apartamiento del mundo. Viajaba frecuentemente a Mazandarán para permanecer lejos de los hombres y cerca de la tierra, escribía frenéticamente en papeles sueltos con una caligrafía casi ilegible, veía a pocas personas. Falleció una mañana heladora de enero de 1960, cuando regresaba de Yush, su pueblo, de donde quizá su ser verdadero nunca llegó a salir. Después de su muerte, la pequeña aldea que lo vio nacer y le prestó su nombre, se convirtió, como la Shiraz de Hafez y el Kashán de Sohrab Sepehrí, en un lugar de peregrinación para quienes reconocen el alma de Irán en sus poetas, en ellos y ellas resisten, con ellos y ellas confían.

La poesía de Nima Yushij congrega misteriosamente lo persa y lo universal. Tan vernácula es su obra que está espolvoreada con palabras en tabarí, la lengua de Mazandarán. Sus poemas están llenos de la vegetación del norte del país, vacas, ranas, aves, un universo rural hundido en mitologías locales transmutado por Nima en espejo de la sociedad urbanizada y agresiva de su tiempo, de nuestro tiempo. En su lírica los símbolos se entrelazan, nos desnudan y se nos esconden. Cualquier explicación de su significado es cuestionable, cualquier identificación ambigua. Su estilo dista del modo de escribir al que el lector de poesía occidental está habituado. Los términos se repiten donde otro poeta buscaría sinónimos, el mensaje parece romperse hasta hacerse incongruente, la estatura léxica se quiebra con giros triviales, los poemas más que concluir terminan en marismas, desperdigándose por las arenas, como algunos ríos de Mesopotamia. Quien busque a un poeta cristalino y unívoco debe mantenerse a distancia de Nima Yushij, algo que sospecho él agradecería. Como dijo Forugh

Farrojzad, una de las autoras que expandió los ámbitos poéticos de la literatura iraní desde la puerta que abrió Nima:

> Nima dio forma a mi convicción definitiva y a mi gusto con respecto a la poesía y le otorgó la categoría de lo absoluto. Nima para mí fue un inicio. Por primera vez en su poesía descubrí una atmósfera del pensamiento y un modo de perfección humana, como en la obra de Hafez[4].

Tal vez eso sea Nima Yushij antes que nada, una atmósfera.

No es sencillo colocar los versos de Nima en las estanterías de la historia de la literatura. La suya es poesía social y política y mística y alegórica y bucólica y existencial. Lo único en común que quizá tengan todos sus poemas es su ambición de irrumpir entre los humanos para hacerse oír con una voz oscura, compleja y también fulgurante, inmediata. Aun en sus momentos más indescifrables sentimos su vibración, nos toma de los hombros, nos convoca. El escritor Nosrat Rahmani lo resumió así:

> Fue un hombre solitario y extraño que nos enseñó a elevar los corazones en nuestras manos y a vivir junto a nuestros poemas. Nos mostró que la poesía es un arma[5].

Gonzalo Sánchez-Terán

---

4. Citada por Somaye Talebi y Leila Rasouli en, *Nima Youshij, Modern Persian Poetry*, Candle and Fog, 2014.
5. *Ibídem.*

POEMAS

ققنوس

ققنوس، مرغِ خوشخوان، آوازه‌ی جهان
آواره مانده از وزشِ بادهای سرد
بر شاخ خیزران
بنشسته است فرد
بر گِردِ او به هر سرِ شاخی پرندگان.

او ناله‌های گمشده ترکیب می‌کند
از رشته‌های پاره‌ی صدها صدای دور
در ابرهای مثلِ خطی تیره روی کوه
دیوارِ یک بنای خیالی
می‌سازد.

از آن زمان که زردی خورشید روی موج
کمرنگ مانده است و به ساحل گرفته اوج
بانگِ شغال و مرد دهاتی
کرده‌ست روشن آتشِ پنهانِ خانه را.
قرمزْ به چشم، شعله‌ی خُردی
خط می‌کشد به زیرِ دو چشمِ درشتِ شب
وندر نقاط دور
خلق‌اند در عبور.

FÉNIX

Fénix, ave de hermosa voz, afamada en el mundo[1],
errante por el soplo de los fríos vientos,
se ha posado, sola,
sobre el cañaveral,
rodeada por las otras aves en sus ramas.

Con las hebras rotas de cientos de voces distantes
compone lamentos perdidos;
en las nubes, como trazos oscuros sobre la montaña,
concibe
los muros de un edificio imaginario.

Cuando el amarillo del sol
palidece entre las olas, y el aullido del chacal
se eleva sobre la costa, y el aldeano
enciende el fuego oculto de la casa,
una tenue llama de ojos rojizos
dibuja una línea bajo los dos grandes ojos de la noche,
y por lejanos lugares
la gente pasa.

---

1. El ave Fénix, Qoqnus en la lengua persa, es una ave mitológica cuya figura es célebre en distintas civilizaciones desde tiempos de la Antigüedad. Símbolo de la inmortalidad y la resurrección, según las leyendas al cumplir los mil años prepara un inmenso fuego y ebria de su propio canto se lanza hacia las llamas de cuyas cenizas nacerán nuevas aves.

او، آن نوای نادره، پنهان چنانکه هست
از آن مکان که جای گزیده‌ست، می‌پرد.
در بین چیزها که گره خورده می‌شود
با روشنی و تیرگی این شب دراز
می‌گذرد
یک شعله را به پیش
می‌نگرد.

جایی که نه گیاه در آنجاست، نه دَمی
ترکیده آفتاب سمج روی سنگ‌هاش
نه این زمین و زندگی‌اش چیز دلکش است
حس می‌کند که آرزوی مرغ‌ها چو او
تیره‌ست همچو دود، اگر چند امیدشان
چون خرمنی ز آتش
در چشم می‌نماید و صبحِ سفیدشان.
حس می‌کند که زندگیِ او چنان
مرغان دیگر اَر به‌سر آید
در خواب و خورُد
رنجی بُوَد کز آن نتوانند نام بُرد.

آن مرغ نغزخوان
در آن مکانِ ز آتشْ تجلیل‌یافته
اکنون به یک جهنمْ تبدیل یافته
بسته‌ست دم به دم نظر و می‌دهد تکان
چشمانِ تیزبین
وز روی تپه

El ave de canto insólito, escondida aún,
alza el vuelo desde el lugar donde se había posado.
Atraviesa
por entre las cosas anudadas
a la luz y la oscuridad de esta larga noche.
Mira
hacia la llama que tiene delante.

En un lugar sin vegetación,
donde jamás se quiebra el obstinado sol contra las piedras,
donde ni esta tierra ni su vida ofrecen deleite alguno,
ella siente el anhelo de las otras aves, semejante al suyo,
oscuro como el humo, aunque sus esperanzas
destellan en el ojo
cual una cosecha de fuego y una blanca mañana.
Siente que si su vida se agota
en comer y dormir,
como la de las otras aves,
no habrá nombre para tal miseria.

Aquella ave de canto armonioso,
en el lugar venerado por el fuego,
ahora convertido en un infierno,
sin descanso aguza la mirada, agitando
sus afilados ojos;
y sobre la colina,

ناگاه، چون به جایٔ پر و بال می‌زند
بانگی برآرَد از ته دل، سوزناک و تلخ
که معنی‌اش نداند هر مرغ رهگذر.
آنگه ز رنج‌های درونیش مست
خود را به روی هیبت آتش می‌افکَند.

باد شدید می‌دمد و سوخته است مرغ!
خاکستر تناش را اندوخته است مرغ!
پس جوجه‌هاش از دل خاکسترش به در.

بهمن ماه ۱۳۱۶

súbitamente, al batir allí sus alas, posada aún,
lanza un grito desde el fondo de las entrañas, amargo y

ardiente,

cuyo significado no conocen las aves de paso.
Después, ebria en su íntimo tormento,
se arroja sobre la grandiosidad del fuego.

El viento sopla con fuerza, el ave ha ardido.
El ave recupera las cenizas de su cuerpo.
Entonces, desde el interior de las cenizas, nacen sus crías.

Bahman 1316 HS/ enero-febrero 1938

آی آدم‌ها

آی آدم‌ها که بر ساحل نشسته، شاد و خندانید!
یک نفر در آب دارد می‌سپارد جان
یک نفر دارد که دست و پای دائم می‌زند
روی این دریای تُند و تیره و سنگین که می‌دانید.
آن زمان که مست هستید
از خیالِ دست یابیدن به دشمن
آن زمان که پیش خود بیهوده پندارید
که گرفتستید دستِ ناتوانی را
تا توناییِ بهتر را پدید آرید
آن زمان که تنگ می‌بندید
بر کمرهاتان کمربند
در چه هنگامی بگویم من؟
یک نفر در آب دارد می‌کند بیهوده جان قربان!

آی آدم‌ها که بر ساحل بساطِ دلگشا دارید
نان به سفره، جامه‌تان بر تن
یک نفر در آب می‌خوانَد شما را
موجِ سنگین را به دستِ خسته می‌کوبد
باز می‌دارد دهان، با چشم از وحشت دریده
سایه‌هاتان را ز راهِ دور دیده
آب را بلعیده در گودِ کبود و هر زمان بی‌تابی‌اش افزون

¡OÍD, HUMANOS!

¡Oíd, humanos, sentados en la orilla, riendo alborozados!
Alguien en el agua está perdiendo la vida,
alguien incesantemente bracea
en este iracundo y oscuro y pesado mar que conocéis.
Mientras embriagados estáis
con el deseo de someter al contrario,
mientras en vano imagináis
haber tendido una mano al desvalido
para amasar fortaleza,
mientras apretáis la correa
alrededor de vuestras cinturas,
¿cuándo os puedo yo hablar?
¡Alguien dentro del agua en vano está siendo sacrificado!

Oíd, humanos, reclinados gozosamente en la orilla,
pan en el mantel, ropa sobre vuestros cuerpos;
alguien desde el agua os llama.
Con sus manos cansadas golpea el pesado oleaje;
abierta la boca, con los ojos arrasados de pánico
ha visto vuestras sombras desde la lejanía,
traga agua del profundo azul cobalto y a cada momento
su angustia crece.

می‌کند زین آبها بیرون
گاه سر، گه پا
آی آدم‌ها!
او ز راه دور، این کهنه جهان را باز می‌پاید
می‌زند فریاد و امّیدِ کمک دارد
آی آدم‌ها که روی ساحل آرام، در کار تماشایید!

موج می‌کوبد به روی ساحل خاموش
پخش می‌گردد چنان مستی به جای افتاده، بس مدهوش
می‌رود نعره‌زنان. وین بانگ باز از دور می‌آید:
«آی آدم‌ها!»
و صدای باد هر دم دلگزاتر
در صدای باد، بانگ او رهاتر
از میان آب‌های دور و نزدیک
باز در گوش، این نداها
«آی آدم‌ها...!»

۲۷ آذر ماه ۱۳۲۰

۲۶

Saca de las aguas
a veces la cabeza, a veces un pie.
¡Oíd, humanos!
Sus ojos desde la distancia aún atisban este mundo envejecido,
grita y confía en el auxilio.
¡Oíd, humanos, en contemplación sobre la plácida orilla!

Las olas golpean la orilla silenciosa,
rompen como un borracho que inconsciente se desploma,
rugiendo retroceden; y de nuevo este clamor llega desde la lejanía:
«¡Oíd, humanos!»,
y el rumor del viento resuena cada vez más descorazonado,
y su voz, en el rumor del viento, más se desvanece.
Entre las aguas distantes y cercanas
siguen resonando estas voces:
«¡Oíd, humanos!…».

27 azar 1320 HS / 11 diciembre 1941

جغدی پیر

هیس! مبادا سخنی، جوی آرام
از بر درّه بغلتید و برفت
آفتاب از نگهش سرَد به خاک
پرشی کرد و برنجید و برفت.

در همه جنگلِ مغموم، دگر
نیست زیبا صنمان را خبری
دلربایی ز پی استهزا
خنده‌ای کرد و پس آنگه گذری.

این زمان، بالش در خونش فرو
جغد بر سنگ نشسته‌ست خموش
هیس! مبادا سخنی، جغدی پیر
پای در قیر، به ره دارد گوش.

جنگل کلارزمی، شهریورماه ۱۳۲۰

UN BÚHO VIEJO

¡Shhh…! ¡Ni una palabra! El arroyo sosegado
rodó por la ladera del valle y se fue.
El sol, mirando con frialdad hacia la tierra,
dio un salto, se apenó y se fue.

Por todo el bosque acongojado
no queda rastro de los bellos ídolos.
Quien hechiza el corazón, haciendo escarnio,
soltó una risotada y después se alejó.

Entonces, con las alas hundidas en su sangre,
el búho se posó sobre la piedra, calladamente.
¡Shhh…! ¡Ni una palabra! Un búho viejo,
las garras en alquitrán, tiene el oído atento al camino.

El bosque Kalarzamí
Shahrivar 1320 HS / agosto-septiembre 1941

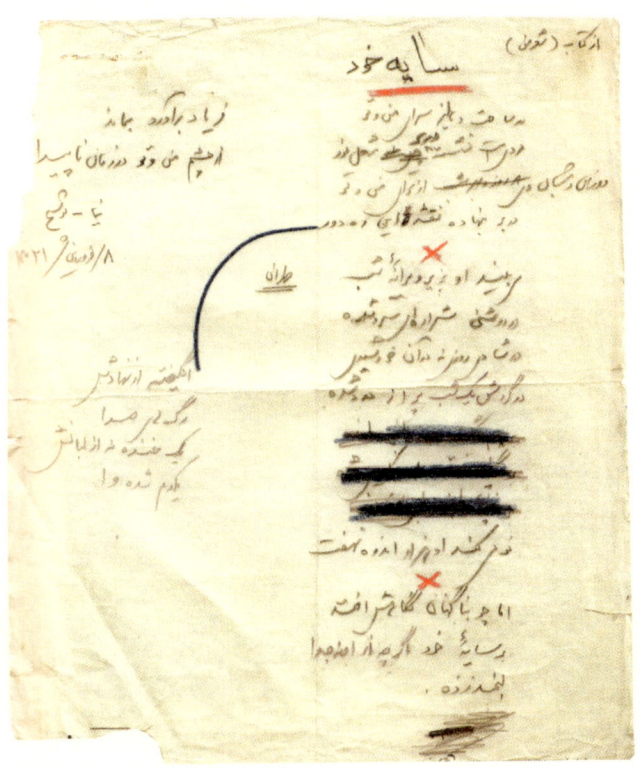

Su propia sombra

سایه‌ی خود

در ساحتِ دهلیزِ سرای من و تو
مردی‌ست نشسته از بَرش مشعل نور
هر روز و به هر شب از برای من و تو
در بر بگشاده نقشه‌ای زین شب دور.
انگیخته از نهادش
رگ‌های صدا
یک خنده نه از لبانش
یک دم شده وا.

می‌بیند او به زیر ویرانه‌ی شب
در روشنیِ شرارهای سرد شده
در شادی روزی، نه در آن خورشیدی
در گردش یک شبِ پُر از درد شده
نو می‌کند او هزار اندوهِ نهفت.

اما چو ناگهان نگاهش افتد
بر سایه‌ی خود، اگر چه از او نه جدا
لبخند زده
فریاد برآورد، بماند
از چشمِ من و تو در زمان نا پیدا.

طهران، ۸ فروردین ماه ۱۳۲۱

SU PROPIA SOMBRA

En el zaguán de mi morada y la tuya
hay un hombre sentado junto a un candil encendido.
Cada día y cada noche, por mí y por ti,
despliega ante sí un mapa de la noche interminable.
De sus entrañas brotan
las venas de la voz.
Jamás la sonrisa
florece en sus labios.

Él observa por debajo de las ruinas de la noche,
desde el resplandor de la lumbre que se enfría,
desde el deleite de un día sin sol alguno,
desde el tránsito de una noche cargada de dolor;
él renueva millares de aflicciones escondidas.

Pero al bajar la mirada súbitamente
hacia su propia sombra, ya de sí no separada,
sonríe
eleva un grito;
y, oculto a tus ojos y a los míos, permanece en el tiempo.

Teherán, 8 farvardin 1321 HS / 28 marzo 1942

خروس می‌خواند

قوقولی‌قو! خروس می‌خوانَد
از درون نهفتِ خلوتِ ده
از نشیب رهی که چون رگِ خشک
در تن مردگان دواند خون
می‌تنَد بر جدارِ سردِ سحر
می‌تراود به هر سوی هامون.

با نوایش از او، رِه آمد پُر
مژده می‌آوَرَد به گوشْ آزاد
می‌نماید رهش به آبادان
کاروان را در این خراب‌آباد.

نرم می‌آید
گرم می‌خوانَد
بال می‌کوبد
پَر می‌افشانَد.

گوش بر زنگِ کاروان صداش
دل بر آوای نغزِ او بسته‌ست
قوقولی‌قو! بر این رِه تاریک
کیست کاو مانده، کیست کاو خسته‌ست؟

CANTA EL GALLO

¡Quiquiriquí! Canta el gallo
desde el centro recóndito de la aldea en soledad,
desde las raíces de un camino que, cual vena seca,
hace correr la sangre por el cuerpo de los muertos,
se entreteje sobre la fría pared del alba,
se derrama por todos los rumbos de la estepa.

Su canto colma el camino,
en libertad anuncia a los oídos buenas nuevas,
guía el camino de la caravana desde esta provincia en ruinas
hacia una tierra próspera.

Con suavidad llega,
su canto es cálido,
agita las alas,
expande su plumaje.

El oído aguarda su voz como las campanillas de la caravana,
el corazón está prendado de su excelso canto.
¡Quiquiriquí! En este oscuro camino,
¿quién se demora?, ¿quién está cansado?

گرم شد از دمِ نواگرِ او
سردی‌آورْ شبِ زمستانی
کرد افشای رازهای مگو
روشن آرایِ صبحِ نورانی.

با تنِ خاک، بوسه می‌شکند
صبح نازنده، صبح دیرسفر
تا وی این نغمه از جگر بگشود
وز رهِ سوزِ جان کشید به در.

قوقولی‌قو! ز خطّه‌ی پیدا
می‌گریزد سوی نهان، شبِ کور
چون پلیدی، دروج، کز درِ صبح
به نواهای روز گردد دور.

می‌شتابد به راه، مردِ سوار
گرچه‌اش در سیاهی، اسب رمید
عطسه‌ی صبح در دماغش بست
نقشه‌ی دلگشای روزِ سفید.

این زمانش به چشم
همچنانش که روز
ره بر او روشن
شادی آورده است
اسب می‌راند.

La melodía de su aliento caldea
la gélida noche invernal;
el albor luminoso, ornado de claridad,
desvela secretos indecibles.

La grácil mañana, la mañana del largo viaje,
besa con pasión el cuerpo de la tierra,
al nacer el canto desde su entraña,
al manar desde su alma ardiente.

¡Quiquiriquí! Desde la comarca diáfana
escapa hacia su escondrijo la ciega noche,
como el avaro demonio que al oír los cantos del día
se aleja por los arcos de la mañana.

Por el camino el jinete aviva el paso
aunque su caballo corría tiniebla adentro.
De mañana un estornudo traza en su pensamiento
el plano afable del blanco día.

En este tiempo a sus ojos
se abre claro el camino
al igual que el día
viene portando júbilo.
Avanza cabalgando.

قوقولی‌قو! گشاده شد دل و هوش
صبح آمد، خروس می‌خوانَد.

همچو زندانیِ شبِ چون گور
مرغ از تنگیِ قفس جَسته‌ست
در بیابان و راهِ دور و دراز
کیست کاو مانده، کیست کاو خسته‌ست؟

۲ آبان ماه ۱۳۲۵

¡Quiquiriquí! Se ensanchan corazón y mente.
Ha llegado la mañana. Canta el gallo.

Como el preso del sepulcro de la noche,
el ave ha escapado de la jaula angosta.
Por el páramo y por este camino largo y distante,
¿quién se demora?, ¿quién está cansado?

2 aban 1325 HS / 24 octubre 1946

از عمارت پدرم

مانده اسم از عمارتِ پدرم
طرف یوردِ شمالی‌اش تالار
طرف یورد جنوبی‌اش سَردر.

طرف بیرون آن، طویله سرا
جغد را اندر آن قرار اکنون
تخته‌ای بر درش به معنیِ در.

در گشاده‌ست و خانه‌اش تاریک
گاه روشن به یک اطاقْ چراغ
مردی افکنده اندر آن بستر.

سر خمیده‌ست از او به روی کتاب
زانوان را به دامن آورده
دست می‌گرددش روی دفتر.

شب و تاریکی و چراغ، آن مرد
به هم افتاده، لیک ساخته‌اند
روی دفتر، عمارتِ دیگر.

DE LA HACIENDA DE MI PADRE

De la hacienda de mi padre solo queda el nombre,
hacia el lado norte, la gran sala,
hacia el lado sur, el pórtico.

En la parte exterior, los establos,
donde ahora anida el búho;
un tablón en la entrada hace de puerta.

Abierto está el portal y la casa a oscuras,
hay a veces una lámpara encendida en una estancia;
allí, un hombre ha tendido su jergón.

Su cabeza está inclinada sobre un libro,
ha recogido sus rodillas contra el pecho,
su mano se mueve sobre un cuaderno.

La noche, la oscuridad, la lámpara y el hombre
se enzarzan; sin embargo, han construido
sobre el cuaderno otra hacienda.

دستش این را نوشته بر ورقی:
«مانده اسم از عمارتِ پدرم
تن بی‌جانْش، چون مرا پیکر».

یوش، عید فطرِ ۱۳۲۵

Esto ha escrito su mano en una hoja:

«De la hacienda de mi padre solo queda el nombre,

su cuerpo sin vida es ahora mi cuerpo».

En Yush, Eid-e fetr[1] 1325 HS / 29 agosto 1946

---

1. Fiesta de celebración del fin del Ramadán.

گَندِنا

بیشه بشکفته به دلْ بیدار است
یاسمن خفته در آغوشش نرم
سایه‌پروردهٔ خلوت، توکا
می‌خرامد به چراگاهش گرم.

اندر آن لحظه که مریمْ مخمور
می‌دهد عشوه، قد آرسته «لُرَگ»
در همان لحظه کهنْ افرایی
برگْ انباشته در خرمنِ برگ.

«گندنا» نیز درین گیراگیر
سر بیفراشته، یعنی که منم!
وندر اندیشهٔ این است عبث
که به شاخی بتنم یا نتنم.

۱۳۲۶

۴۴

GANDENA [1]

Florece el matorral, de corazón despierto;
en su tierno regazo duerme el jazmín.
Tuka [2], criada al amparo de la umbría,
por el sereno herbazal se pavonea.

En el instante en que el embriagado narciso
galantea, y erguido se exhibe el *lorag* [3],
en ese mismo instante un viejo arce
junta sus hojas a la hojarasca amontonada.

Gandena también, en medio de este bullicio,
levanta la cabeza, queriendo decir: «¡aquí estoy!»,
y medita en vano
si enredarse o no en una rama.

1947–48

---

1. En la lengua tabarí, pequeña y delicada planta silvestre de la familia de
las aliáceas, similar al cebollino, usada por sus beneficios para la salud.
2. Pequeña ave negra, similar a un zorzal.
3. Árbol que se encuentra con frecuencia en los bosques de Mazandarán,
a las orillas del mar Caspio.

اجاق سرد

مانده از شب‌های دورادور
بر مسیر خامُش جنگل
سنگچینی از اجاقی خُرد
اندر او خاکستر سردی.

همچنان که اندر غبارْ اندوده‌ی اندیشه‌های من، ملال‌انگیز
طرح تصویری، در آن هر چیز
داستانی حاصلش دردی.

روزِ شیرینم که با من آتشی داشت
نقشِ ناهمرنگ گردیده
سرد گشته، سنگ گردیده
با دم پاییزِ عمر من، کنایت از بهار روی زردی.

همچنان که مانده از شب‌های دورادور
بر مسیر خامُش جنگل
سنگچینی از اجاقی خُرد
اندر او خاکستر سردی.

یوش، آبان‌ماه ۱۳۲۷

46

EL FRÍO HORNO

Queda en pie, de noches lejanas,
en el silente camino del bosque
el montículo de piedras de un horno derruido;
en su interior, cenizas frías.

De igual modo en el interior de mis pensamientos apagados,
cubiertos de polvo,
el esbozo de una imagen; todo en ella
es una historia que desemboca en dolor.

El dulce día que hallaba en mí su fuego
se ha vuelto una estampa incongruente,
se ha vuelto frío, se ha hecho de piedra;
el aliento otoñal de mi vida es metáfora de una primavera
de tez pálida.

De igual modo queda en pie, de noches lejanas,
en el silente camino del bosque
el montículo de piedras de un horno derruido;
en su interior, cenizas frías.

En Yush, aban 1327 HS / octubre-noviembre 1948

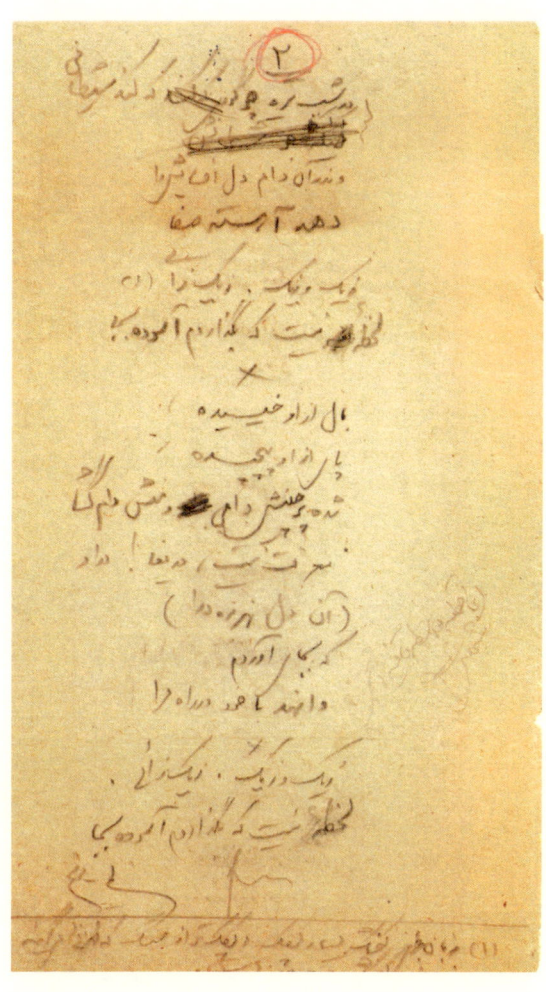

En la noche lóbrega

در شب تیره

در شب تیره چو گوری که کَنَد شیطانی
وندر آن، دامِ دل افسایش را
دهد آهسته صفا
زیک و زیک، زیکـزایی
لحظه‌ای نیست که بگذارَدَم آسوده به‌جا.

بال از او خیسیده
پای از او پیچیده
شده پرچینش دامی و منِ ش دامگشا
معرفت نیست، دریغا! در او
ـآن دلِ هرزه‌درا ـ
که به جای آوْرَدم
وانهد با خود، در راهْ مرا.

زیک و زیک، زیکـزایی
لحظه‌ای نیست که بگذارَدَم آسوده به‌جا

۱۳۲۷

EN LA NOCHE LÓBREGA

En el interior de la noche lóbrega como tumba cavada por

un demonio

que pausadamente pule

la trampa del alma,

¡*sik-sik!* un *siksa*[1]

no me permite un instante de sosiego.

Empapadas las alas,

retorcidas las patas,

el matorral se ha vuelto su trampa y yo he de ser quien la

deshaga.

Cuánta deslealtad, ¡qué pesadumbre!

Aquel corazón inconstante

que yo sostuve,

en el sendero me abandona.

¡*Sik-sik!* Un *siksa*

no me permite un instante de sosiego.

1327 HS / 1948-49

---

1. Pequeño pájaro de la familia de los ruiseñores de plumaje rojo y canto triste. Habita entre los setos y los matorrales. *Sik-sik* es el sonido que emite el *siksa* al cantar.

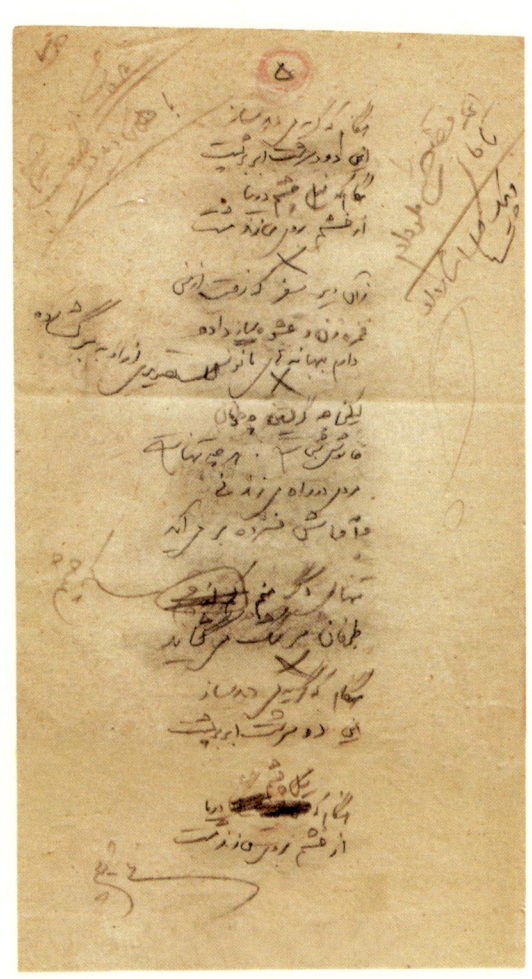

Al romper en llanto

هنگام که گریه می‌دهد ساز

هنگام که گریه می‌دهد ساز
این دودْ سرشتِ ابرْ بر پشت
هنگام که نیلْ چشمْ دریا
از خشم به روی می‌زند مشت

زان دیرْ سفر که رفت از من
غمزه‌زن و عشوه ساز داده
دارم به بهانه‌های مأنوس
تصویری از او به بر گشاده.

لیکن چه گریستن، چه طوفان!
خاموش شبی‌ست، هر چه تنهاست
مردی در راه می‌زند نی
و آواش فسرده برمی‌آید
تنهای دگر منم که چشمم
طوفان سرشک می‌گشاید.

هنگام که گریه می‌دهد ساز
این دودْ سرشتِ ابرْ بر پشت
هنگام که نیلْ چشمْ دریا
از خشم به روی می‌زند مشت.

۱۳۲۷

Al romper en llanto
esta humareda con la nube a sus espaldas…
Al darse puñetazos en la cara
el iracundo mar de índigos ojos…

De quien partió hacia el largo viaje,
—hechizaba, embelesaba—
guardo, con cualquier pretexto cotidiano,
su imagen desplegada ante mí.

Mas, ¿a qué tanto llanto?, ¿tanta tempestad?
Silenciosa está la noche. Todo está solo.
En el camino un hombre toca el *ney*[1],
y su sonido brota cabizbajo.
El otro solitario soy yo; mis ojos
desatan una tempestad de lágrimas.

Al romper en llanto
esta humareda con la nube a sus espaldas…
Al darse puñetazos en la cara
el iracundo mar de índigos ojos…

1327 HS / 1948-49

[1]. Flauta tradicional de Oriente Medio cuyo origen se remonta a las primeras civilizaciones.

بر فراز دشت

بر فراز دشت باران است، باران عجیبی!
ریزش باران سرِ آن دارد از هر سویْ وز هر جا
که خزنده، که جهنده، از رهآوردش به دل یابد نصیبی
باد لیکن این نمی‌خواهد.

گرم در میدان دویده، بر زمین می‌افکَند پیکر
با دَماش خشک و عبوس و مرگ بار آورد
از گیاهی تا نه دل سیراب آید
بر ستیزِ هیبتش هر دم می‌افزاید
زیر و رو می‌دارد از هر سو
رُسته‌های تشنه و تَر را
هر نهالِ بارَوَر را.

باد می‌غلتد
غش در او، در مفصلش افتاده، می‌گرداند از غشْ روی.

چه به‌ناهنگام فرمانی
با دَمِ سردی که می‌پاید!
از زن و از مرگ هم
با قدرتِ موفور
اینچنین فرمان نمی‌آید!

56

SOBRE LA LLANURA

Sobre la llanura llueve, ¡una lluvia asombrosa!
La lluvia al caer ansía que en todo lugar y todo rumbo
cada ser que salta o se arrastra reciba una porción de su

                                                 obsequio;
el viento, por el contrario, no quiere esto.

Ardiente y veloz, se abalanza hacia la explanada echando

                                    su cuerpo por tierra,
con un aliento reseco, áspero y mortífero;
en cada aliento redobla su aterrador combate
para que planta alguna saciarse pueda.
Levanta y derriba por doquier
a los brotes húmedos y sedientos,
a cada esqueje fecundo.

Rueda el viento.
Desfallecen sus articulaciones; en la impostura se retuerce su

                                          cuerpo.

¡Qué intempestivas órdenes
con el frío aliento que persiste!
¡Ni la mujer ni tampoco la muerte,
ya fueran copiosas sus fuerzas,
podrían dar tales órdenes!

باد می‌جوشد

باد می‌کوشد

کآوَرَد با نازک‌آرایِ تنِ هر ساقه‌ای در رهِ، نهیبی

بر فراز دشت باران است، باران عجیبی!

۱۳۲۸

El viento se enfurece.

El viento se afana

lanzando alaridos hacia cada delicado tallo en el camino.

Sobre la llanura llueve, ¡una lluvia asombrosa!

1328 HS / 1949-50

با قطارِ شب و روز

در نهانخانه‌ی روزان و شبانِ دِلسرد
سخنانی برجاست
سخنان است آری
از نوای دل‌افسای تنِ بیماری
زیر دندانه‌ی فرتوتِ شبِ تیره هنوز
با قطار شب و روز

لخته‌ی دودِ بیابان‌گذری
همچنان می‌گذرد
وز در و بام و شکافِ دیوار
راه بیرون شدن از خانه هر آن حرف نهان می‌سپرد
با قطار شب و روز

که شبانِ کج و روزانِ سیه، قافله را
می‌دهد با هم پیوند
گوش من مدفن آن حرف نهان می‌مانَد
نه به دلْ خوش‌آیند
و به منقار قوی‌پنجه‌اش آن حرفِ نهان
آشیان با رگِ من می‌سازد
وز زبان دل من می‌آید
هر زمانْ قدرت‌اندوز
گرچه از من بدر او
با قطار شب و روز

EN EL TREN DE LA NOCHE Y EL DÍA

En la cripta de los días y noches desalentados
unas palabras permanecen en pie;
palabras son, sí,
del canto enajenado de un cuerpo enfermo
tendido bajo el engranaje decrépito de la noche aún oscura,
                    en el tren de la noche y el día,
un coágulo de humo errante por el desierto
no deja de avanzar,
y por la puerta, el tejado y la grieta en la pared
la palabra oculta busca una vía para salir de la casa,
                    en el tren de la noche y el día,
las noches deformes y los días renegridos
enhebran a los viajeros de la caravana;
en mi oído está enterrada aquella palabra oculta,
desapacible a los corazones,
la palabra oculta que hace su nido en mis venas
empleando su pico como fuerte garra,
y brota desde la lengua de mis entrañas,
a cada paso amasando poder,
aunque habrá de abandonarme,
                    en el tren de la noche y el día,

من چه خواهم گفتن
که چه گفتند دو بیمار به هم
گفت: «آن آهوی خوش» گفت: «رمید»
گفت: «آن نرگسِ تر» گفت: «فسرد»

اردیبهشت ماه ۱۳۲۸

qué podría decir yo

de la conversación entre dos enfermos:

uno dijo, «aquella feliz gacela», dijo el otro, «escapó»;

uno dijo, «aquel narciso fresco», dijo el otro, «se marchitó».

Ordibehesht 1328 HS / mayo-junio 1949

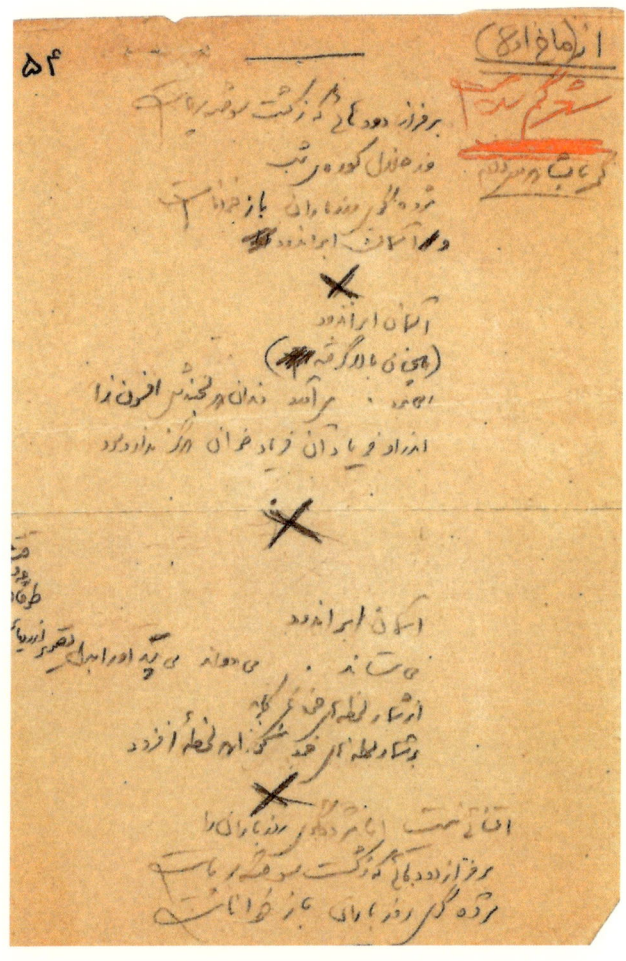

Por encima de las humaredas

بر فراز دودها

بر فراز دودهایی که ز کِشتِ سوخته برپاست
وز خلال کورهی شب
مژدهگوی روز باران، باز خواناست.
و آسمانْ ابراندود.

آسمانْ ابراندود
ــهمچنان بالا گرفتهــ
میبَرَد، میآوَرَد، دندان هر لبخندش افسونزا
اندر او فریاد آن فریادخوان، هرگز ندارد سود.

آسمانْ ابراندود
میستاند، میدوانَد، میتپد او را به دلْ تصویر از رؤیای
طوفانِ چه وقتش
از شمارِ لحظههای خود نمیکاهد
بر شمارِ لحظههای خود نخواهد لحظهیی افزود.

اعتنایی نیست امّا مژدهگوی روز باران را
بر فراز دودهایی که ز کِشتِ سوخته برپاست
مژدهگوی روز باران، باز خواناست.

۱۳۲۸

POR ENCIMA DE LAS HUMAREDAS

Por encima de las humaredas que se alzan desde el cultivo
                                                  quemado,
en la hendidura del horno de la noche,
el heraldo del día de lluvia otra vez está cantando.
Y el cielo envuelto en nubes.

El cielo envuelto en nubes
—elevándose aún—
acarrea, arrastra, embauca con el destello de su sonrisa,
engulle el grito por siempre inútil de los justos.

El cielo envuelto en nubes
despoja, hostiga, late en su seno una imagen: el sueño de una
              tormenta impredecible;
a la suma de sus instantes no resta,
a la suma de sus instantes no añadirá instante alguno.

Mas no presta atención el heraldo del día de lluvia.
Por encima de las humaredas que se alzan desde el cultivo
                                                  quemado,
el heraldo del día de lluvia otra vez está cantando.

1328 HS / 1949-50

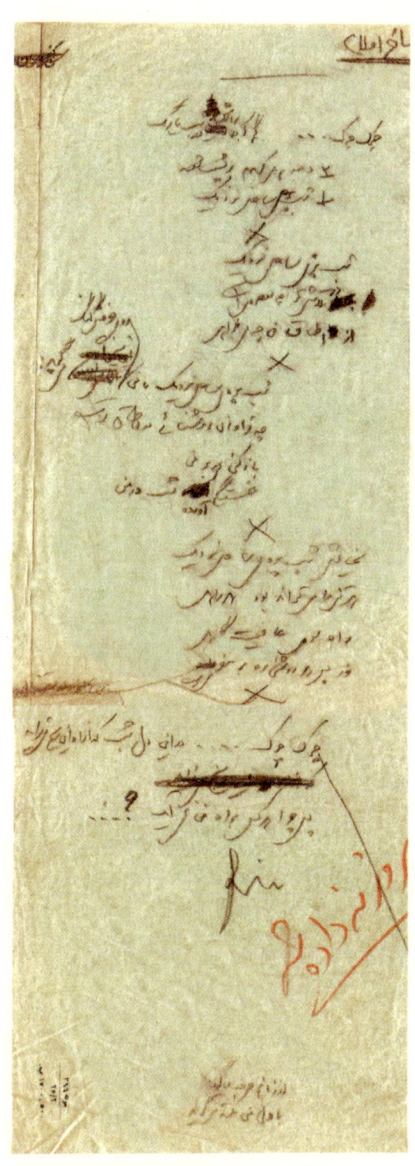

La polilla de la playa cercana

شبپره‌ی ساحل نزدیک

چوک وچوک !... گم کرده راهش در شبِ تاریک
شبِپره‌ی ساحل نزدیک
دم به دم می‌کوبدم بر پشت شیشه.

شبپره‌ی ساحل نزدیک!
در تلاش تو چه مقصودی‌ست؟
از اطاق من چه می‌خواهی؟

شبِپره‌ی ساحل نزدیک با من ─روی حرفش گنگ─ می‌گوید.
«چه فراوانْ روشنایی در اطاق توست!
باز کن در بَرْ من
خستگی آورده شب در من.»

به خیالش شبپره‌ی ساحل نزدیک
هر تنی را می‌تواند بود هر راهی
راه سوي عافیتگاهی
وز پس هر روشنی، ره بر مقّری هست.

چوک وچوک! ...در این دلِ شب که ازو این رنج می‌زاید
پس چرا هر کس به راه من نمی‌آید؟

۱۳۲۹

LA POLILLA DE LA PLAYA CERCANA

¡Toc, toc!… Ha perdido su rumbo en la noche oscura
la polilla de la playa cercana.
Incesantemente golpea tras mi cristal.

¡La polilla de la playa cercana!
¿qué anhelo hay en tus esfuerzos?
¿qué quieres de mi morada?

La polilla de la playa cercana —con palabras opacas— me dice:
«¡Qué intensa es la luz en tu morada!,
ábreme la puerta,
la noche me ha cansado».

La polilla de la playa cercana imagina
que podrían abrirse caminos para cada persona,
caminos hacia un cobijo,
y que detrás de cada fulgor hay un camino hacia el refugio.

¡Toc, toc!… En el corazón de esta noche que alumbra tal
                                           sufrimiento,
entonces, ¿por qué nadie viene hacia mi camino?

1329 HS / 1950-51

تاریکیْ آورْ شب

شب است
شبی بس تیرگی دَمساز با آن
به روی شاخِ انجیر کهن، «وگدار» می‌خوانَد، به هر دم
خبر می‌آورد طوفان و باران را و من اندیشناکم!

شب است
جهان با آن، چنان چون مرده‌ای در گور
و من اندیشناکم باز!
اگر باران کند سرریز از هر جای؟
اگر چون زورقی در آب اندازد جهان را؟

در این تاریکیْ آورْ شب
چه اندیشه ولیکن، که چه خواهد بود با ما صبح؟
چو صبح از کوه سر بر کرد، می‌پوشد ازین طوفان، رخ آیا صبح؟

۱۳۲۹

LA NOCHE PORTADORA DE TINIEBLA[1]

Es de noche,
una noche cómplice de la oscuridad extrema.
Sobre la rama de la antigua higuera, *vagdar*[2] canta; en cada
aliento
presagia la lluvia y la tempestad. ¡Y yo cavilando!

Es de noche,
y con ella está el mundo como un muerto en su tumba.
Y yo, de nuevo, cavilando:
¿si la lluvia anegara todos los lugares?
¿si arrojara el mundo a las aguas cual una barquilla?

En esta noche portadora de tiniebla,
¿a qué tanto cavilar? ¿Mas qué hará con nosotros la mañana?
Cuando despunte el alba tras el monte, ¿cubrirá el rostro
de la tempestad?

1329 HS / 1950-51

---

1. En ediciones anteriores el título de este poema aparece como «*Shab ast*» (Es
de noche). Nuestra edición de referencia, bajo el cuidado del hijo del poeta
Sheragim Yushij, presenta un nuevo título para según su editor evitar confusio-
nes con otros poemas donde aparece la palabra noche en el título.
2. Rana de árbol que, según las leyendas del norte de Irán, anuncia con su
canto la llegada de la lluvia en los días nublados. En otro poema de Nima, para
la misma figura, el poeta utiliza el término *darvag*.

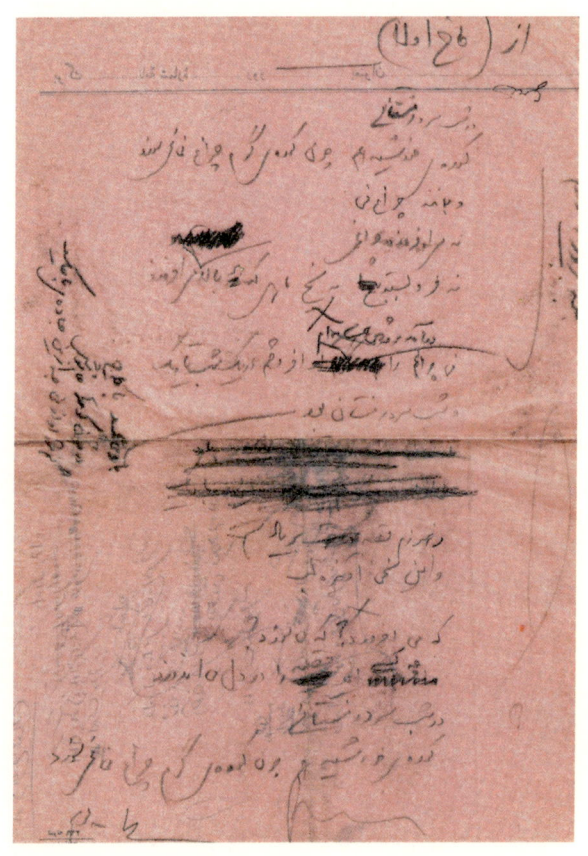

En la fría noche del invierno

در شبِ سردِ زمستانی

در شبِ سردِ زمستانی
کورهی خورشید هم، چون کورهی گرمِ چراغ من نمیسوزد
و به مانند چراغ من
نه میافروزد چراغی هیچ
نه فروبسته به یخ، ماهی که از بالا میافروزد.

من چراغم را در آمدْ رفتن همسایهام افروختم در یک شبِ تاریک
و شبِ سردِ زمستان بود
باد میپیچید با کاج
در میان کومهها خاموش
گم شد او از من جدا زین جادهی باریک
و هنوزم قصه بر یادست
وین سخن آویزهی لب!
«چه کسی این قصه را در دل میاندوزد؟
که میافروزد؟ که میسوزد؟»

در شب سرد زمستانی
کورهی خورشید هم، چون کورهی گرم چراغ من نمیسوزد.

زمستان ۱۳۲۹

En la fría noche del invierno
ni aun el horno del sol arde como la cálida llama de mi
                                                    lámpara,
y ninguna lámpara ilumina
tanto como la mía,
ni siquiera la luna gélida que desde lo alto alumbra.

Yo prendí la lámpara para las idas y venidas de mi vecino,
en una noche oscura,
y era una fría noche del invierno;
el viento se retorcía en torno al pino,
entre las chozas enmudecidas.
Él se extravió, se alejó de mí por este sendero angosto.
Y aún permanece en mi recuerdo la historia
y aún penden estas palabras de mis labios:
«¿Quién ilumina? ¿Quién arde?
¿Quién guarda esta historia en el corazón?».

En la fría noche del invierno
ni aun el horno del sol arde como la cálida llama de mi
                                                    lámpara.

Invierno de 1329 HS / 1951

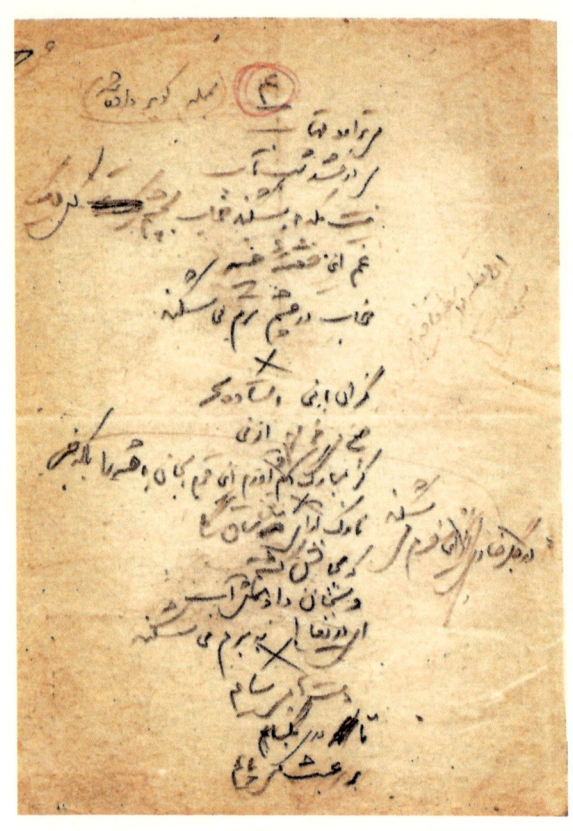

Luz de luna (I)

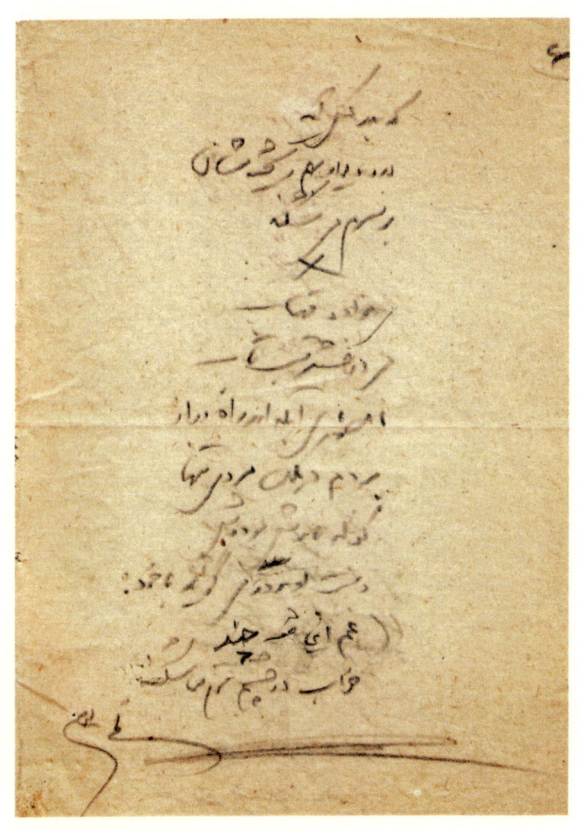

Luz de luna (II)

79

مهتاب

می‌تراود مهتاب
می‌درخشد شب‌تاب
نیست یک دم شکند خواب به چشمِ کس و لیک
غم این خفته‌ی چند
خواب در چشمِ ترم می‌شکند.

نگران با من اِستاده سحر
صبح می‌خواهد از من
کز مبارک دمِ او آورم این قومِ به جان باخته را بلکه خبر
در جگر خاری لیکن
از رهِ این سفرم می‌شکند.

نازک‌آرایٔ تنِ ساقِ گلی
که به جانش کِشتم
و به جان دادمش آب
ای دریغا! به برم می‌شکند.

دست‌ها می‌سایم
تا دری بگشایم
بر عبث می‌پایم
که به در کس آید
در و دیوار به‌هم ریخته‌شان
بر سرم می‌شکند.

LUZ DE LUNA

Rezuma la luz de la luna,
la luciérnaga destella.
Nada nunca quiebra el sueño en los ojos de nadie,
mas la tristeza por esta multitud adormecida
quiebra el sueño en mis húmedos ojos.

Intranquila, la madrugada vela a mi lado;
el amanecer me pide
que de su bendito aliento traiga nuevas a esta tribu desalentada,
pero una espina en mis entrañas
quiebra la partida del viaje.

El delicado tallo de una flor
que con mi alma planté
y con mi alma regué,
¡cuánto pesar!, a mi lado se quiebra.

Busco a tientas con las manos
para abrir alguna puerta;
en vano aguardo
a que alguien hasta la puerta llegue.
Sus puertas y paredes, en amasijos,
se quiebran sobre mi cabeza.

می‌تراود مهتاب
می‌درخشد شب‌تاب
مانده پایِ آبله از راهِ دراز
بر دم دهکده مردی تنها
کوله‌بارش بر دوش
دست او بر در، می‌گوید با خود:
«غم این خفته‌ی چند
خواب در چشم ترم می‌شکند.»

۱۳۳۱

Rezuma la luz de la luna,
la luciérnaga destella.
Con los pies llagados tras el largo camino,
a la entrada de la aldea, se demora un hombre solo,
la alforja al hombro,
la mano sobre la puerta, murmurando entre sí:
«la tristeza por esta multitud adormecida
quiebra el sueño en mis húmedos ojos».

1331 HS / 1952-53

La barca

قایق

من چهره‌ام گرفته
من قایقم نشسته به خشکی
با قایقم نشسته به خشکی
فریاد می‌زنم:
«واما نده در عذابم انداخته است
در راهِ پُرمخافت این ساحلِ خراب
و فاصله است آب
امدادی ای رفیقان با من!»

گل کرده است پوزخندشان اما
بر من
بر قایقم که نه موزون
بر حرف‌هایم در چه ره و رسم
بر التهابم از حدْ بیرون

در التهابم از حدْ بیرون
فریاد بر می‌آید از من:
«در وقت مرگ
جز بیمِ نیستی و خطر نیست
هزّالی و جلافت و غوغای هست و نیست
سهو است و جز به پاسِ ضرر نیست.»

LA BARCA

Marchito está mi rostro,
mi barca ha encallado en las arenas.
Con mi barca encallada en las arenas
grito:
«Varada ha quedado, hundiéndome en la angustia,
en esta orilla hostil y desolada,
y está tan lejos el agua.
¡Ayudadme, oh, compañeros!».

Pero su sonrisa de escarnio ha brotado
hacia mí,
hacia mi barca discordante,
hacia mi palabra disidente,
hacia mi turbación desmedida.

Desde esta turbación desmedida
me nace un grito:
«En la hora final, con la muerte,
no hay más que miedo al daño y la inexistencia.
La vanidad, la necedad y la barahúnda de los haberes
yerros son y solo engendran pérdida».

با سهوشان
من سهو می‌خرم
از حرف‌های کارشکن‌شان
من درد می‌برم
خون از درون دردم سرریز می‌کند!
من آب را چگونه کنم خشک؟

فریاد می‌زنم
من چهره‌ام گرفته
من قایقم نشسته به خشکی
مقصود من ز حرفم معلوم برشماست
یک دست بی‌صداست
دستم کمک ز دستِ شما می‌کند طلب.

فریاد من شکسته اگر در گلو، وگر
فریاد من رسا
من از برای راهِ خلاصِ خود و شما
فریاد می‌زنم
فریاد می‌زنم!

یوش، ۱۳۳۱

Me echo a la espalda
sus yerros,
por sus palabras perniciosas
siento dolor,
¡sangre rebosa desde el interior de mi dolor!
¿Cómo podría secar yo el agua?

Grito.
Marchito está mi rostro,
mi barca ha encallado en las arenas.
Claro es para vosotros el propósito de mi palabra:
una mano sola carece de voz,
mi mano pide auxilio a vuestras manos.

Si se rompe mi grito en la garganta
y si mi grito retumba
es que grito
por mi liberación y por la vuestra.
¡Yo grito!

En Yush, 1331 HS / 1952-53

ری را

ری را...صدا می‌آید امشب
از پشت «کاچ» که بندآب
برق سیاهْ تابش تصویری از خراب
در چشم می‌کشاند
گویا کسی‌ست که می‌خواند.

اما صدای آدمی این نیست
با نظم هوش‌ربایی، من
آوازهای آدمیان را شنیده‌ام
در گردش شبانیْ سنگین
ز اندوه‌های من
سنگین‌تر
و آوازهای آدمیان را یکسر
من دارم از بر.

یک شب درون قایق دلتنگ
خواندند آنچنان
که من هنوز هیبت دریا را
در خواب می‌بینم.

RIRA [1]

Rira... se oye una voz esta noche
detrás de la arboleda entre los arrozales, donde la alberca
con su negro destello arroja a los ojos
la imagen de una ruina.
Diríase que alguien canta...

Pero no es esta una voz humana.
He oído los cantos de los hombres
con sus ritmos hechizantes
en el girar de las grávidas noches;
más grávidas
que mis pesares.
Yo conozco de memoria
todos los cantos de los hombres.

Una noche, en la apesadumbrada barca,
cantaron de tal modo
que aún veo en mis sueños
la temible magnificencia del mar.

---

1. Según las leyendas de Mazandarán, se llama *Rira* a una mujer mítica que se perdió por los bosques y de cuyo cuidado depende la belleza de la naturaleza. Asimismo, es el nombre que se da a un pájaro pequeño de vuelo veloz y canto triste que en la noche sobrevuela los estanques. Nadie ha visto nunca a este pájaro. Según otras interpretaciones, esta voz significa, «estad alerta».

ری را... ری را

دارد هوا که بخوانَد

درین شب سیا

او نیست با خودش

او رفته با صدایش اما

خواندن نمی‌تواند.

۱۳۳۱

Rira…, rira…
Siente anhelo de cantar.
En esta noche negra
de sí está ausente,
ha partido con su voz, pero
cantar no puede.

1331 HS / 1952-53

خانه‌ام ابری‌ست

خانه‌ام ابری‌ست
یکسره روی زمین ابری‌ست با آن

از فراز گردنه، خُرد و خراب و مست
باد می‌پیچد
یکسره دنیا خراب از اوست
و حواس من.
آی نی‌زن! که تو را آوای نی بردهست دور از ره، کجایی؟

خانه‌ام ابری‌ست اما
ابرْ بارانش گرفته‌ست.
در خیال روزهای روشنم کز دست رفتندم
من به روی آفتابم
می‌بَرَم در ساحت دریا نظاره.
و همه دنیا خراب و خُرد از بادست
و به ره، نی‌زن که دائم می‌نوازد نی، در این دنیای ابراندود
راه خود را دارد اندر پیش.

۱۳۳۲

MI CASA ESTÁ NUBLADA

Mi casa está nublada.
La tierra entera con ella está nublada.

Desde lo alto del desfiladero
rueda un viento deshecho, ruinoso y ebrio.
El mundo entero está en ruinas por su causa,
y así mis sentidos.
¡Eh, tañedor del *ney*!, tú que siguiendo sus notas te alejaste
del sendero, ¿dónde estás?

Mi casa está nublada,
mas la nube ha roto a llover.
Evocando mis días claros que se desvanecieron,
yo, ante el sol,
miro hacia los umbrales del mar.
Y el mundo entero está deshecho y en ruinas a causa del
viento,
y por el sendero el tañedor del *ney*, sin dejar de tocar,
—en este mundo envuelto en nubes—
tiene ante sí su propio sendero.

1332 HS / 1953-54

دل فولادم

ول کنید اسبِ مرا
راه توشه‌یْ سفرم را و نمدزینم را
و مرا هرزه‌درا
که خیالی سرکش
به درِ خانه کشانده‌ست مرا.

رِسَم از خطّه‌ی دوری، نه دلی شاد در آن
سرزمین‌هایی دور
جای آشوبگران
کارشان کشتن و کشتار که از هر طرف و گوشه‌ی آن
می‌نشانید بهارش گل با زخمِ جسدهای کسان.

فکر می‌کردم در رِه، چه عبث
که از این جای بیابانِ هلاك
می‌تواند گذرش باشد هر راهگذر
باشد او را دل فولاد اگر
و بَرَد سهلْ نظر
در بد و خوب که هست
و بگیرد مشکل‌ها آسان
و جهان را داند
جای کین و کشتار
و خراب و خذلان.

MI CORAZÓN DE ACERO

Soltad a mi caballo,
mi manta de montar, mis víveres para el camino
y al fútil charlatán que soy;
una indomable quimera
me ha arrastrado hacia la puerta de la casa.

Llego de una provincia lejana donde no hay un solo corazón
alborozado,
remotas tierras,
lugar de pendencieros
afanados en matar, en la matanza; que por cada lado y esquina
plantan las flores de su primavera con la herida de cadáveres.

Inútilmente en la senda imaginaba
que por este mortífero desierto
pudiera pasar algún caminante,
si su corazón de acero fuera,
y con sencillez mirara
la existencia del bien y el mal,
y afrontara los obstáculos con entereza,
y reconociera el mundo
como el dominio del rencor y la matanza,
devastado y decadente.

ولی اکنون به همان جای بیابان هلاک
بازگشت من می‌باید، با زیرکی من که به کار
خواب پُر هول و تکانی ـکه رهآورد من از این سفرم هست و هنوز
چشم بیدارم هر لحظه بر آن می‌دوزد—
هستی‌ام را همه در آتشِ بر پا شده‌اش می‌سوزد .

از برای من ویرانِ سفر گشته، مجالی دمی استادن نیست
منم از هر که در این ساعتْ غارت‌زده‌تر
همه چیز از کف من رفته به در
دلِ فولادم با من نیست.
همه چیزم دل من بود و کنون می‌بینم
دلِ فولادم مانده در راه.
دلِ فولادم را بی‌شک انداخته است
دستِ آن قوم بداندیش در آغوش بهاری که گُلش گفتم از خون و ز زخم.

وین زمان فکرم این است که در خونِ برادرهایم
ـناروا در خونْ پیچان
بی‌گنه غلتان در خون—
دلِ فولادم را زنگ کند دیگرگون.

۱۳۳۲

Pero ahora, al mismo mortífero desierto
debo regresar, obrando con astucia.
Un sueño de pánico y temblor —cuanto traigo conmigo
del viaje
y aún miran sin cesar mis ojos despiertos—
hace arder en su fuego erigido mi existencia toda.

Para mí, viajero en ruinas, no hay tiempo propicio al reposo;
en esta hora yo soy el más desvalijado,
todo cuanto poseía se ha perdido,
conmigo no está mi corazón de acero.
Mi corazón era todo para mí y ahora contemplo
mi corazón de acero abandonado en el camino;
las manos de una tribu perversa
sin dudar han tirado mi corazón de acero
al seno de una primavera cuyas flores, como dije, son de
herida y sangre.

Y en este tiempo pienso que en la sangre de mis hermanos
—injustamente en la sangre revolviéndose,
sin pecado retorciéndose en la sangre—
es corroído por el óxido mi corazón de acero.

1332 HS / 1953

داروگ

خشک آمد کشتگاهِ من
در جوار کشتِ همسایه
گر چه می‌گویند:«می‌گریند روی ساحل نزدیک
سوگواران در میان سوگواران»
قاصدِ روزان ابری، داروگ! کِی می‌رسد باران؟

بر بساطی که بساطی نیست
در درون کومه‌ی تاریک من، که ذرّه‌یی با آن نشاطی نیست
و جدار دنده‌های نی به دیوار اطاقم، دارد از خشکیش می‌ترکد
ــ چون دل یاران که در هجران یاران ــ
قاصد روزان ابری، داروگ! کِی می رسد باران!؟

۱۳۳۲

DARVAG [1]

Se secó mi sembrado
contiguo al sembrado del vecino.
Aunque dicen: «En la cercana costa lloran
multitudes de luto entre multitudes de luto».
Mensajera de los días nublados, ¡*darvag!*, ¿cuándo
llegará la lluvia?

Entre enseres que no son enseres,
en el interior de mi sombría choza, sin una brizna de
júbilo,
el costillar de cañas en la pared de mi estancia se está
quebrando por la sequedad,
—como el corazón de quienes aman al distanciarse—.
Mensajera de los días nublados, ¡*darvag!*, ¿cuándo
llegará la lluvia?

1332 HS / 1953-54

---

1. Se trata de la misma rana de árbol que, según las leyendas del norte de
Irán, anuncia con su canto la llegada de la lluvia en los días nublados, a la
que el poeta llama *vagdar* en otro poema.

هست شب

هست شب، یک شبِ دمکرده و خاک
رنگِ رخ باخته است
باد، نو باوه‌ی ابر، از بر کوه
سوی من تاخته است.

هست شب، همچو وَرَمکرده تنی گرم، در اِستاده هوا
هم ازین روست نمی‌بیند اگر گمشده‌ای راهش را.

با تناش گرم، بیابان دراز
مُرده را ماند در گورِشْ تنگ
به دلِ سوخته‌ی من ماند
به تنم خسته که می‌سوزد از هیبتِ تب!
هست شب، آری شب.

۲۸ اردیبهشت ماه ۱۳۳۴

LA NOCHE ESTÁ

La noche está, una noche sofocante,
y ha palidecido el rostro de la tierra.
El viento, retoño de las nubes, por la falda de la montaña
se abalanza hacia mí.

La noche está como un hinchado cuerpo caliente en el
aire estancado;
por esta razón el extraviado no encuentra su camino.

Con su cuerpo caliente, el vasto desierto
parece un muerto en su angosta tumba,
parece mi corazón compungido,
¡mi fatigado cuerpo ardiendo en el pavor de la fiebre!
La noche está, así es, la noche.

18 de ordibehesht de 1334 HS / 19 mayo 1955

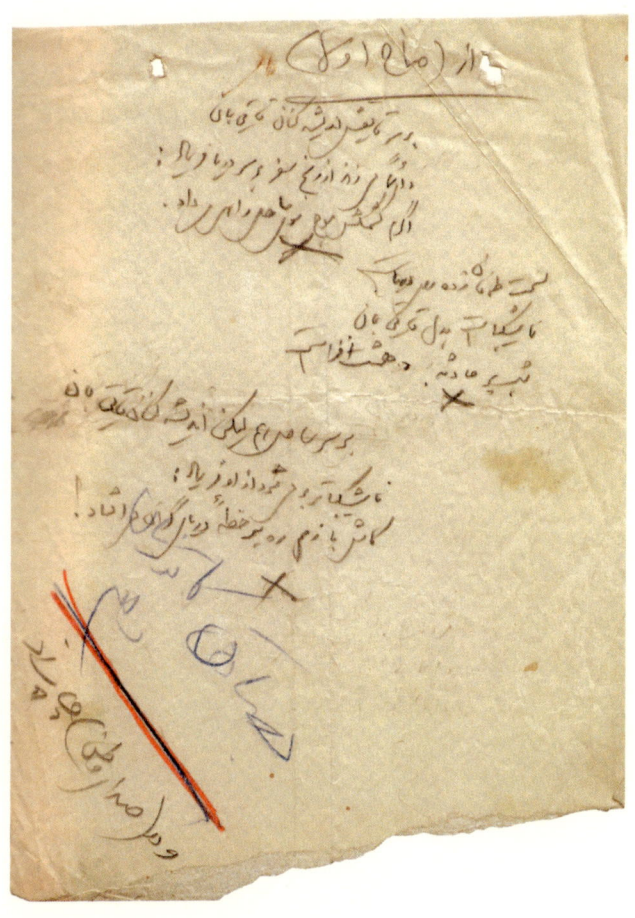

El barquero

قایق‌بان

بر سر قایقش اندیشه‌کنان، قایق‌بان
دائماً می‌زند از رنج سفر بر سر دریا فریاد:
«اگرم کشمکش موج سوی ساحل راهی می‌داد.»

سخت طوفان‌زده روی دریاست
ناشکیباست به دلِ قایق‌بان
شب پُرِ حادثه، دهشت‌افزاست.

بر سر ساحل هم لیکن اندیشه‌کنان، قایق‌بان
ناشکیباتر بَر می‌شود از او فریاد:
«کاش بازم ره بر خطّه‌ی دریای گران می‌افتاد!»

۱۳۳۵

EL BARQUERO[1]

Sobre su barca, pensativo por las desgracias del viaje,
el barquero no cesa de gritarle al mar:
«Si tan solo el oleaje encrespado me abriera un camino
                                    hacia la orilla».

En un mar azotado por la saña del temporal,
intranquilo está el corazón del barquero.
La noche, colmada de sucesos, aterra.

Mas sobre la orilla sigue pensativo el barquero;
con mayor inquietud aún, lanza un grito:
«¡Ojalá otra vez se me abriera un camino hacia el dominio
                                    del mar inmenso!».

1335 HS / 1956-57

---

1. En ediciones anteriores, el poema aparece con el título *«Bar sar-e-qaye-qash»* (Sobre su barca).

برف

زردها بی‌خود قرمز نشده‌اند
قرمزی رنگ نینداخته است
بی‌خودی بر دیوار.
صبح پیدا شده از آن طرف کوه «اَزاکو» اما
«وازِنا» پیدا نیست.
گرته‌ی روشنی مُرده‌ی برفی همه کارش آشوب
بر سر شیشه‌ی هر پنجره بگرفته قرار.

«وازِنا» پیدا نیست.
من دلم سخت گرفته‌ست از این
میهمانخانه‌ی مهمانکُشِ روزشْ تاریک
که به جان هم، نشناخته انداخته است
چند تن خواب‌آلود!
چند تن ناهموار!
چند تن ناهشیار!

۱۳۳۴

۱۰۸

No sin razón los amarillos se han vuelto rojos,
no sin razón lo rojo
ha teñido el muro.
La mañana despunta del otro lado del monte Azaku[1], pero
el Vazena[2] no se vislumbra.
La claridad exánime del polvo de nieve, cuya tarea es el caos,
se ha posado sobre el cristal de cada ventana.

El Vazena no se vislumbra.
Encogido está mi corazón por culpa
de esta hospedería asesina de huéspedes, oscuro es su día,
que arroja a los extraños unos contra otros:
algunos soñolientos
algunos zafios
algunos inconscientes.

1334 HS / 1955-56

---

1. Así se llama a Azadkuh en el dialecto de Mazandarán. Azadkuh (la montaña libre) es una de las cumbres más altas del Alborz central (de 4355 metros de altitud) al norte de Irán, cerca de Yush, pueblo natal del poeta.
2. Montaña situada frente al valle de Yush. Los aldeanos del lugar la consideran su alquibla, la referencia geográfica que se toma para realizar la oración.

تو را من چشم در راهم

تو را من چشم در راهم، شباهنگام
که می‌گیرند در شاخ «تلاجن» سایه‌ها رنگ سیاهی
وزان دلخستگانت راست اندوهی فراهم
تو را من چشم در راهم.

شباهنگام، در آن دم که بر جا درّه‌ها چون مُرده ماران خفتگانند
در آن نوبت که بندد دست نیلوفر به پای سروِ کوهی دام
گَرَم یاد آوری یا نه، من از یادت نمی‌کاهم
تو را من چشم در راهم.

زمستان ۱۳۳۶

MIS OJOS TE AGUARDAN POR EL CAMINO [1]

Mis ojos te aguardan por el camino, en las horas de la noche,
cuando en la rama del amaranto [2] las sombras se tornan
                                                    negras,
y el exhausto corazón de los tuyos está colmado de pesar;
mis ojos te aguardan por el camino.

En las horas de la noche, cuando los calmos valles duermen
                                        como serpientes
muertas, en el instante en que la mano del nenúfar entrampa
                                        los pies del enebro,
me recuerdes o no, yo no desatiendo tu recuerdo;
mis ojos te aguardan por el camino.

Invierno de 1336 HS / 1958

---

1 Forma poetizada de la expresión popular iraní que significa esperar
la llegada de una persona querida. Los estudiosos de la obra de Nima
creen que el poema está dedicado a su hermano menor, Ladbon, quien
tuvo que exiliarse en la Unión Soviética.
2. En el original, la palabra en lengua tabarí, *talayan*, es un arbusto que
crece en los bosques del norte de Irán. Sus flores son usadas con fines
medicinales o como condimento.

شب همه شب

شب همه شب، شکسته خواب به چشمم
گوش بر زنگ کاروانَستم
با صداهای نیم زنده ز دور
هم‌عنان گشته، همزبانَستم.

جاده اما ز همه کس خالی‌ست
ریخته بر سر آوار آوار
این منم مانده به زندان شب تیره که باز
شب همه شب
گوش بر زنگِ کاروانستم.

تجریش، آبان ماه ۱۳۳۷

LA NOCHE, LA NOCHE TODA

En la noche, la noche toda, el sueño se ha quebrado sobre
mis ojos;
mis oídos aguardan las esquilas de la caravana.
Con los sonidos apenas vivos de la lejanía
igualo mis pasos; su lengua comparto.

Vacía de todo ser está la carretera
nada hay salvo escombros sobre escombros desplomados.
Este soy yo, dejado en la celda de la noche oscura, pero
otra vez
en la noche, la noche toda,
mis oídos aguardan las esquilas de la caravana.

En Tajrish ¹, aban 1337 HS / noviembre 1958

---

1. Barrio al norte de Teherán donde vivía el poeta con su familia.

کککی

دیری‌ست نعره می‌کشد از بیشه‌ی خموش
«کککی» که مانده گُم.

از چشم‌ها نهفته پری‌وار
زندان بر او شده‌ست علفزار
بر او که او قرار ندارد
هیچ آشنا گذار ندارد.

اما به تن درست و برومند
«کککی» که مانده گُم
دیری ست نعره می‌کشد از بیشه‌ی خموش.

۱۳۳۵

KAKKI

Hace tiempo brama desde el matorral silencioso,
Kakki [1], que se halla perdida.

Oculta a los ojos como las hadas,
a su alrededor el herbazal se ha vuelto un encierro,
para ella, ella sin quietud.
Ningún rostro conocido pasa.

Pero con su cuerpo fecundo y sano,
Kakki, que se halla perdida,
hace tiempo brama desde el matorral silencioso.

1335 HS / 1956–1957

---

1. Vaca de la región de Mazandarán

در پیشِ کومه‌ام

در پیشِ کومه‌ام
در صحنه‌ی تمشک
بی‌خود ببسته است
مهتاب بی‌طراوات، لانه.

یک مرغِ دل‌ْنهاده‌ی دریادوست
با نغمه‌هایش دریایی
بی‌خود سکوت خانه‌سرایم را
کرده‌ست چون خیالش، ویرانه.

بی‌خود دویده است
بی‌خود تنیده است
«لَم» در حواشی «آبیش»
باد از برابر جاده
کآنجا چراغِ روشن تا صبح
می‌سوزد از پیِ چه نشانه.

ای یاسمن تو بی‌خود پس
نزدیکی از چه نمی‌گیری
با این خرابم آمده خانه؟

ANTE MI CABAÑA

Ante mi cabaña,
en el campo de zarzamoras,
ha anidado, en vano,
la mustia luz de la luna.

Un ave arrobada, prendada del mar,
con sus cantos marinos
en vano ha arruinado
el silencio de mi casa, al igual que sus sueños.

En vano se enreda
el espino alrededor de la tierra en barbecho[1],
en vano se apresura
el viento al cruzar la carretera,
allí donde arde hasta la madrugada
una lámpara encendida, en busca de alguna señal.

Oh, jazmín, entonces,
¿por qué no acudes tú, en vano,
a mi casa en ruinas?

---

1. En este verso aparecen dos palabras, *lam* y *ayish*, que Nima toma de la lengua tabarí. *Lam* es un arbusto con espinas. *Ayish* significa barbecho.

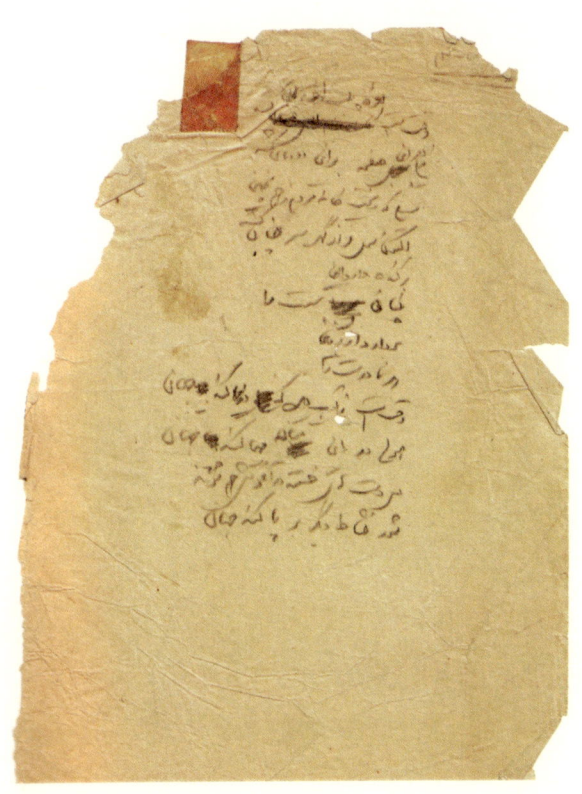

Es hora

وقت است

وقت است نَعره‌ای به لب آخر زمان کشد
نیلی در این صفحه، بر این دودمان کشد
سیلی که ریخت خانه‌ی مردم ز هم چنین
اکنون سوی فرازگهی، سر چنان کشد
برکنده دارد این
بنیان سُست را
بردارد از زمین
هر نادرست را
وقت است ز آبِ دیده که دریا کند جهان
هولی در این میانه مهیا کند جهان
بس دست‌های خسته در آغوش هم شوند
شورِ نشاط دیگر، برپا کند جهان.

ES HORA

Es hora de que el fin de los tiempos lance un bramido,
de aniquilar, en esta página, este linaje,
de que con fuerza se alce hacia las cimas
el diluvio que con fuerza derribó las casas de los hombres;
de demoler estos
cimientos endebles,
de barrer de la tierra
toda vileza.
Es hora de que el mundo haga del llanto un mar,
de que el mundo en este ahora esparza el horror,
de sumar en un abrazo miríadas de manos exhaustas,
de que el mundo celebre la exaltación de un júbilo distinto.

AGRADECIMIENTOS

Esta traducción se ha realizado en conversación con tantas personas y libros que hacer un inventario de sus dádivas es una tarea tan necesaria como imposible. De la bibliografía que nos ha acompañado quisiéramos mencionar dos fuentes principales. La extensa *Guía de la literatura contemporánea persa*, del literato y erudito Sirus Shamisa, ha constituido un lugar de orientación para nuestros debates y desacuerdos. El iranólogo residente en Estados Unidos, Ahmad Karimi-Hakkak[1], gentilmente nos ofreció su monumental biografía de Nima Yushij como material de estudio. A lo largo de todo el trayecto nos acompañó el profesor Masoud Farahmandfar, académico en Teherán, alumbrando oscuridades.

Este libro no hubiera visto la luz sin el aliento, la complicidad y la paciencia de nuestros editores, Inmaculada Jiménez Morell y Fernando García Burillo, y sin la inspiración, el ejemplo y el desbroce de Clara Janés.

Cerca de la línea de llegada, los poetas Alfonso Armada y Jaime Alejandre leyeron cuidadosamente el borrador iluminándonos con sus sugerencias.

El texto original, fuente de la traducción, ha sido la *Poesía Completa* de Nima Yushij, editada por su hijo Sheragim Yushij en 2019. En todas las decisiones que atañen a la puntuación, la ordenación de las estrofas, el significado de los términos en lengua tabarí, así como la elección de palabras que en distintas ediciones habían generado controversia, debida a la difícil legibilidad de algunos poemas manuscritos,

---

1. Hakkāk, A. K. & Talattof, K. (eds.), *Essays on Nima Yushij: animating modernism in Persian poetry*, Brill, vol. 31, 2004.

hemos optado por ser fieles a la edición de Sheragim Yushij. Deseamos enviarle nuestro agradecimiento por su generoso apoyo a este trabajo, dentro de la inmensa labor de conservación y divulgación que está realizando del legado de su padre.

ÍNDICE

Este libro,
cuadragésimo séptimo de la colección
poesía del oriente y del mediterráneo,
se acabó de imprimir
el 21 de marzo de 2026,
coincidiendo con la celebración
del Noruz, el nuevo año persa.

OTROS TÍTULOS DE POESÍA PERSA E IRANÍ

Forugh Farrojzad
NUEVO NACIMIENTO

TRADUCCIÓN DE CLARA JANÉS Y SAHAND

ediciones del oriente
y del mediterráneo

Hafez Shirazí
101 POEMAS

EDICIÓN DE CLARA JANÉS Y AHMAD TAHERI

ediciones del oriente
y del mediterráneo

Yalal ud-Din
Rumi
RUBAYAT

Selección y traducción de
Clara Janés y Ahmad Taheri

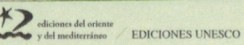

ediciones del oriente
y del mediterráneo / EDICIONES UNESCO